Inhalt

Wasserversorgung - Menschenrecht und Wirtschaftsfaktor

Kernthesen

Beitrag

Fallbeispiele

Zahlen und Fakten

Weiterführende Literatur

Impressum

//

Wasserversorgung - Menschenrecht und Wirtschaftsfaktor

Anja Schneider

Kernthesen

- Wasser ist ein Menschenrecht, doch jeder siebte Erdbewohner hat keinen Zugang zu sauberem Trinkwasser.
- Das weltweite Wassergeschäft beträgt 466 Milliarden US-Dollar. Die Wassermärkte in Brasilien, Russland, Indien und China wachsen drei- bis viermal schneller als in den Industrienationen.
- Die Deutschen verbrauchen immer weniger Wasser.
- Die Landwirtschaft ist mit 70 Prozent weltweit der größte Wasserverbraucher und verursacht die zunehmende

Wasserbelastung mit Pflanzenschutzmitteln und Nitrat.

Beitrag

Wasser ist ein Menschenrecht

Seit einem Jahr ist der Zugang zu sauberem Trinkwasser und zu sanitärer Grundversorgung ein Menschenrecht. Dies beschloss die UN-Vollversammlung am 28. Juli 2010 mit den Stimmen von 122 Ländern, ohne Gegenstimme, bei 41 Enthaltungen (darunter USA, Kanada und 18 EU-Staaten). Doch viele Staaten kommen ihrer moralischen Verpflichtung, das definierte Menschenrecht auf Wasser umzusetzen, nicht nach. Einklagbar sind Menschenrechte nach Völkerrecht nicht.

Anlässlich des jährlichen Weltwassertages am 22. März machte die Welthungerhilfe erneut darauf aufmerksam, dass etwa eine Milliarde Menschen weltweit - das ist jeder siebte Erdbewohner! - immer noch keinen Zugang zu sauberem Trinkwasser haben. Über zwei Milliarden Menschen leben ohne die sanitären Einrichtungen und Behandlungsanlagen, die nötig wären, um Flüsse, Seen oder Grundwässer rein zu halten. Pro Tag sterben geschätzte 4 500 Kinder, weil sie zu wenig Wasser zu trinken bekommen oder verunreinigtes Wasser trinken oder darin baden. Vor allem in ländlichen Regionen ist die Wasserversorgung unzureichend. Nach Angaben der Weltgesundheitsorganisation (WHO) leben weltweit acht von zehn Menschen auf dem Land, das sind rund 780 Millionen, ohne Zugang zu Trinkwasser. Die Betroffenen fliehen in die Städte, doch nur wenige finden dort die erhofften besseren Lebensbedingungen. Dementsprechend lautete das Motto des diesjährigen Weltwassertages Wasser für die Städte: Antwort auf urbane Herausforderungen. (1)

Bis 2015 will die Weltgemeinschaft den Anteil der Menschen ohne dauerhaft gesicherten Zugang zu hygienisch einwandfreiem Trinkwasser halbieren. Doch wie realistisch ist das? Viele Milliarden Euros müssten in den Ländern der Dritten Welt investiert werden, um dieses Ziel noch zu erreichen. (2)

Wasser ist ein Wirtschaftsfaktor

Rund um die Wasserversorgung gibt es einen Markt für die benötigten Produkte und Dienstleistungen. Die Wertschöpfungskette reicht von der Komponentenherstellung, der Bereitstellung von Ausrüstungen wie Pumpen, Kompressoren,

Armaturen sowie Filteranlagen, dem Anlagenbau über den Betrieb von Wasserwerken, Entsalzungsanlagen, Kläranlagen bis hin zur Herstellung von Chemikalien für die Wasserbehandlung. Auch Dienstleistungen wie die Verbrauchsmessung und entsprechende Abrechnungen, Rohrreinigung und Analytik gehören dazu. Bedeutend sind mittlerweile auch die Wasserspartechnologien.

Der weltweite Umsatz im Geschäft mit Wasser beträgt aktuell etwa 466 Milliarden US-Dollar. Auf den technischen Bereich wie Anlagen, Ausrüstung und Services entfallen davon 44 Milliarden US-Dollar.

Zu den großen globalen privaten Wasserversorgern zählen Veolia, Suez und RWE-Thames Water. Siemens ist weltweit der größte Anbieter im technischen Bereich mit rund 2,2 Milliarden Euro Umsatz im Wassergeschäft. Dahinter folgen Kurita (Japan), Veolia (Frankreich), Danaher (USA) und General Electric (USA).

In den kommenden Jahren wird die Bedeutung des Wassers als Wirtschaftssektor zunehmen. Bestehende Infrastrukturen müssen erweitert und saniert, neue aufgebaut werden, vor allem in den ärmeren und schnell wachsenden Schwellenländern. Die derzeit wichtigsten Wassermärkte sieht die Branche in den BRIC-Staaten (Brasilien, Russland, Indien, China) mit ihren boomenden Industrien und im Mittleren Osten.

Die dortigen Wassermärkte wachsen drei- bis viermal schneller als in den Industrienationen. Auch Kanada und Australien stellen für die Anbieter aussichtsreiche Märkte dar. Die Förderung von Ölsanden und unkonventionellen Erdgasquellen benötigt sehr effiziente Wassertechnologien. (3), (4), (5)

Die Landwirtschaft ist der größte Wasserverbraucher

Auf den ersten Blick ist Wasser auf der Welt reichlich vorhanden, mehr als 70 Prozent der Erdoberfläche sind mit Wasser bedeckt. Doch 97 Prozent bestehen aus Salzwasser, und fast drei Viertel der verbliebenen drei Prozent Süßwasser sind in Gletscher und Polareis gebunden. Der Mensch aber benötigt für die Nahrungsmittelproduktion, für Hygiene und für Trinken Süßwasser. Für ihn nutzbar bleiben also weniger als 0,3 Prozent des weltweiten Süßwasservorkommens. Rein rechnerisch gibt es auf der Welt genügend Wasser für alle. Allerdings sind die Wasservorkommen regional und saisonal unterschiedlich verteilt, und der Wasserverbrauch wächst global gesehen stetig.

Die Weltbevölkerung explodiert, sie braucht mehr Wasser und hinterlässt mehr Abwasser. Megacities wie das indische Mumbai, das japanische Tokio, das brasilianische Sao Paulo brauchen Unmengen von Wasser. Die industrielle Produktion benötigt Wasser, wenn die Weltwirtschaft wächst, geht das auch zu Lasten der Wasserressourcen. Die Eisen- und Stahlindustrie, die chemische Industrie und die Papier- und Nahrungsmittelindustrie sind Hauptnutzer von Industriewasser.

Die Landwirtschaft konkurriert mit den Städten um das kostbare Gut. Sie ist mit 70 Prozent weltweit der größte Wasserverbraucher, weit vor der Industrie mit 20 Prozent und den Privathaushalten mit 10 Prozent. Die Nahrungsmittelproduktion kann nur durch Bewässerung gesteigert werden. Die Wasserverluste liegen teilweise bei über 50 Prozent. Die Tröpfchenbewässerung kann helfen, da sie effizient ist und Wasser spart. Auch müsste darauf geachtet werden, dass standortgerecht angebaut wird. Produkte, die viel Wasser benötigen, wie beispielsweise Tomaten, sollten dort angebaut werden, wo viel Wasser zur Verfügung steht. (6)

Prognosen verdeutlichen den Ernst der Lage: Nach Einschätzung des World Water Councils wird der Wasserbedarf bis 2020 weltweit um 40 Prozent steigen. Die UNO erwartet, dass im Jahr 2025 zwei Drittel aller Menschen von Wasserknappheit betroffen sein werden. Sie trifft übrigens nicht nur die wasserarmen Länder der Dritten Welt. Beispielsweise kämpft der Südosten Englands mittlerweile regelmäßig gegen Wasserknappheit. Um den Durst der Metropolen zu stillen, wird bereits Wasser von Alaska nach Indien verschifft.

Wir brauchen also dringend Lösungen, die dafür sorgen, dass mehr Menschen langfristig mehr Trinkwasser zur Verfügung steht. Verschwendung und Verschmutzung müssen Einhalt geboten werden. (5), (7)

Wasserreiches Deutschland

Deutschland ist ein wasserreiches Land. Mit einem jährlichen, erneuerbaren Wasservorrat von 188 Milliarden Kubikmetern steht uns reichlich Grund-, Oberflächen- und Quellwasser zur Verfügung. Ein Großteil des verfügbaren Wassers bleibt ungenutzt. Nur 17 Prozent werden von unterschiedlichen Nutzern entnommen. Die öffentliche Wasserversorgung nutzt weniger als drei Prozent der verfügbaren Ressourcen. [Abb. 1]

In Deutschland sind die Wasserversorgung und die Abwasserbeseitigung zu weiten Teilen eine öffentliche Aufgabe, die von den Kommunen, Wasserverbänden und anderen öffentlich-rechtlichen Körperschaften wahrgenommen wird. Doch auch privatrechtlich organisierte Versorgungsunternehmen sind aktiv.

Insgesamt sorgen rund 6 200 Betriebe der Wasserversorgung dafür, dass unser Trinkwasser gewonnen, gereinigt und verteilt wird und Betriebswasser für die Industrie bereitsteht. Bekannte Namen sind beispielsweise Veolia, Eurawasser, Gelsenwasser oder die Berliner Wasserwerke. Brunnen werden gebaut, um Wasser zu gewinnen, Quellwasser und Oberflächenwasser aus Seen und Flüssen wird gesammelt, Zisternen fangen Regenwasser auf. Das gewonnene Rohwasser wird zu Trinkwasser oder Brauchwasser aufbereitet und dann verteilt. Rund 6 900 Abwasserbeseitigungsbetriebe kümmern sich um Abwasseranlagen und dass die Abwässer aus Industrie und Haushalten geklärt werden und wie der dabei entstehende Klärschlamm genutzt wird. Die Wasserversorgung regelt die Abwasser- und Niederschlagswassereinleitungen, Gewässernutzungen wie beispielsweise die Entnahmen aus Oberflächengewässern, erteilt Ausnahmezulassungen in Wasser- und Heilquellenschutzgebieten, genehmigt Privatbrunnen, stellt Löschwasser bereit und gibt die Anweisungen, was bei Überschwemmungen zu tun ist.

Unser Trinkwasser wird vor allem aus örtlichen Ressourcen gewonnen. Mit 61,5 Prozent ist dabei das Grundwasser von ganz besonderer Bedeutung (BDEW). Das macht klar, wie wichtig der nachhaltige Schutz unseres Grundwassers vor Verunreinigungen ist. Zur Sicherstellung der Trinkwasserversorgung sind in Deutschland 13 232 Wasserschutzgebiete ausgewiesen. Diese umfassen knapp 14 Prozent der Gesamtfläche der Bundesrepublik Deutschland (WasserBLIcK/BfG, 24.10.2010). Die deutschen Wasser- und Abwasserleitungen sind je mehr als 500 000 Kilometer lang, 96 Prozent der Bevölkerung sind an das Abwassernetz angeschlossen, 6 Milliarden Euro wurden jeweils 2008 und 2009 in Netz und Kläranlagen investiert. (8)

Die Deutschen sind beim Wasser sparsam

Unser durchschnittlicher Wassergebrauch ist von 1990 bis 2009 um rund 17 Prozent gesunken. Mit 122 Litern pro Einwohner und Tag gebrauchen wir im Durchschnitt wesentlich weniger Wasser als die Bürger in allen anderen europäischen Ländern. Diese Zahl bezieht sich auf Haushalte und Kleingewerbe, die statistisch gemeinsam erfasst werden. Wassersparende Geräte und Armaturen im Haushalt und Mehrfachnutzung und Wasserrecycling in der Produktion leisten dazu ihren Beitrag.

Für die Wasserversorger ist der Verbrauchsrückgang unerfreulich. Der Fixkostenanteil ist in der Branche sehr hoch, auch wenn nur wenige Menschen irgendwo wohnen, müssen die Wasserleitungen instandgehalten werden, die Sanierung der Netze ist teuer. Für die Unternehmen steigen die Kosten. Weil zu wenig Wasser durch die Leitungen fließt, müssen sie das Leitungsnetz mit zusätzlichem Wasser spülen. Etliche kommunale Wasserversorger schreiben daher Verluste.

Das Wasser in Deutschland sei vergleichsweise günstig, so heißt es im letzten Branchenbild. Der Bürger zahlt im bundesweiten Durchschnitt 23 Cent täglich (das sind 84 Euro jährlich) für sein Trinkwasser (Zahlen für 2008, BDEW) und 32 Cent täglich (das entspricht jährlich 115,62 Euro, Stand: 2009) für die Abwasserbeseitigung. Zwischen 2000 und 2009 sind die Trinkwasserentgelte um 5 Prozent und die Abwassergebühren um 14 Prozent gestiegen. Damit liegen beide unterhalb der Inflationsentwicklung, die allgemeine Preissteigerung betrug im selben Zeitraum in Deutschland 15,9 Prozent. Im Osten Deutschlands muss mehr für Wasser gezahlt werden als im Westen. Ein Haushalt mit einem jährlichen Wasserverbrauch von 80 Kubikmetern zahlte dafür 2010 in Sachsen-Anhalt rund 590 Euro, teilte das Statistische Bundesamt mit. In Bayern waren es 324 Euro. (9)

Zunehmende Wasserbelastung mit

Pflanzenschutzmitteln und Nitrat

Die Sicherheit der deutschen Wasserversorgung ist sehr gut. Die gesetzlichen Vorgaben zur Trinkwasserqualität werden eingehalten, der hygienische Standard ist hoch, Versorgungsunterbrechungen sind sehr selten, die Anlagen und Netze sind in einem guten Zustand und Abwasser wird in Deutschland im Gegensatz zu vielen EU-Staaten fast flächendeckend nach dem höchsten EU-Reinigungsstandard behandelt.

Kritisch bewertet die deutsche Wasserwirtschaft die Belastung der Wasserressourcen mit Spurenstoffen. Die Wasserversorger klagen vor allem über Pflanzenschutzmittel und Nitrate, die durch das Düngen der Felder ins Grundwasser sickern, das dann aufwendig und teuer gefiltert werden muss. Der Trend zum vermehrten Anbau von Energiepflanzen verschärft die Problematik. Wenn immer mehr Grünland als Anbaufläche genutzt und gedüngt wird, kann die Nitrat-Belastung der Rohwasserressourcen steigen. Gefunden werden zunehmend auch Rückstände von Arzneistoffen, Kosmetika, Löschmitteln und Krankenhausabwässer. Ihre Gefährlichkeit ist nicht immer bekannt oder abschätzbar; je früher sie nachweisbar sind, desto besser ist es. Die deutschen Wasserverbände erachten die gesetzlichen Regelungen und den Vollzug vorhandener Vorschriften als nicht ausreichend, um die Gewässer vor unerwünschten Belastungen nachhaltig zu schützen. (8)

Am 1. November 2011 tritt die deutsche Novellierung der Trinkwasserverordnung in Kraft. Sie legt unter anderem erstmals einen Grenzwert für Uran fest. Größere Hausinstallationen müssen auf eine mögliche Verseuchung mit Legionellen überprüft werden. (10)

Trends

Die "Rekommunalisierung" der Energie- und Wasserversorgung ist in vielen Städten und Kommunen ein Thema. Für Schlagzeilen sorgt seit Monaten Berlin. Das Land will die Teilprivatisierung der Wasserbetriebe möglichst wieder rückgängig machen. Deshalb verhandelt es derzeit mit RWE über den Rückkauf der Anteile. (11)

Immer mehr private Unternehmen engagieren sich im internationalen Wassergeschäft. Der Global Water Intelligence zufolge entfielen 2007 auf private Betriebe weltweit etwa 19 Prozent der Gesamtinvestitionen in die Trinkwasserversorgung und die Abwasseraufbereitung. Bis 2016 soll dieser Anteil auf fast 30 Prozent steigen. (12)

Wasserrecycling liegt im Trend, vor allem in den

trockenen Regionen der Erde. Durch die Filtration mit Mikro-, Ultra-, Nano- oder sogenannten Umkehrosmosemembranen können Abwässer künftig direkt wiederverwendet werden. Singapur und China beispielsweise nutzen längst schon aufbereitetes Abwasser als industrielles Brauchwasser und auch schon als Trinkwasser. Peking will ab 2014 seine Abwässer zu 100 Prozent in den Kreislauf einspeisen. In Singapur liegt der "Re-Use"-Anteil heute bei 30 Prozent und soll mittelfristig auf 50 bis 60 Prozent steigen. Der Wasserspezialist Evides Industriewasser nutzt beispielsweise den Ablauf einer kommunalen Kläranlage, um vollentsalztes Wasser für den Kunden Dow Chemical zu produzieren. (5), (13)

Mit Meerwasserentsalzung wird schon heute Trinkwasser gewonnen. Geforscht wird beispielsweise daran, Solar- und Windstrom zur Entsalzung von Meer- oder Brackwasser zu verwenden.

Fallbeispiele

Abzocke bei den Berliner Wasserbetrieben?: Die Berliner Wasserbetriebe (BWB) stehen unter dem Verdacht, von den Berlinern überhöhte Wassertarife zu verlangen. Dies prüft das Bundeskartellamt derzeit noch; ein abschließendes Ergebnis steht noch aus. Im März erklärte die Behörde, dass die Berliner Wassertarife um rund 50 Cent pro Kubikmeter über denen anderer Großstädte lägen. Das ist etwa ein Viertel. Die Berliner Wasserbetriebe ihrerseits streiten eine Abzocke ab, führen hohe Fixkosten und hohen Investitionsbedarf ins Feld und haben ihre Kalkulation beim Bundeskartellamt offengelegt. Verhandlungen zu künftig sinkenden Wassertarifen laufen. (14)

Für die Herstellung einer einzigen Tasse Kaffee - inklusive dem Wasser, das für Anbau und Verarbeitung notwendig ist - werden insgesamt 140 Liter verbraucht. Für die Herstellung von einem Kilo Brot sind es sogar 1 000 Liter. (4)

Coca-Cola verbraucht viel Wasser bei der Getränkeherstellung. Das Unternehmen hat sich ein ehrgeiziges Ziel gesetzt: Bis 2020 will Coca-Cola wasserneutral produzieren. (15)

EHEC im Trinkwasser?: Im Zuge der EHEC-Erkrankungen machte sich nach Gurken und Sprossen die Sorge breit - geschürt durch einen Artikel des Spiegel -, dass die gefährlichen Darmbakterien ins Trinkwasser gelangen könnten oder bereits seien. Das Umweltbundesamt hat diesbezüglich Entwarnung gegeben. Eine Gefahr durch den EHEC-Ausbruchsstamm könne ausgeschlossen werden. Dies könne nur dann geschehen, wenn ein Brunnen in einer Gegend mit vielen Erkrankten direkt mit Abwasser in Kontakt stehe, was nicht zu erwarten sei. Größere

Wasserversorgungen werden täglich mikrobiologisch überwacht, bei sehr kleinen öffentlichen Wasserwerken und Hausbrunnen, die weniger überwacht werden, sei das Auftreten des aktuellen EHEC-Ausbruchsstammes äußerst unwahrscheinlich. (16), (17)

Kanada hat die Auswirkungen verunreinigten Wassers mit einer Epidemie 1996 bitter erfahren und hat im vergangenen Dezember den "Water Opportunities and Water Conservation Act" verabschiedet - ein Wassergesetz, das die innovativsten der rund 200 ansässigen Wassertechnologieunternehmen mit mehreren Millionen Dollar jährlich fördern will. Ontario will in der Membrantechnik und der UV-Desinfektion weltweit Maßstäbe setzen. (18)

Zahlen & Fakten

Abbildung 1: In Deutschland gibt es Wasser im Überfluss. 83 Prozent der Ressourcen werden nicht genutzt.

Quelle: BDEW, Destatis

Entnommen aus: Frankfurter Allgemeine Zeitung, 22.03.2011, Nr. 68, S. 12 (19)

Weiterführende Literatur

(1) Geringer Wasserverbrauch angestrebt
aus Agra-Europe (AgE), 52. Jahrgang Nr. 13 vom 28.03.2011

(2) Unvorstellbare Dimensionen
aus Entsorga Magazin 04 vom 26.04.2011 Seite 003

(3) Wassergeschäft stabilisiert Siemens-Industriesektor
aus Handelsblatt Nr. 053 vom 17.03.2010 Seite 32

(4) Wasserinvestments Nachhaltige Performance mit

der wichtigsten Ressource der Welt
aus GoingPublic Magazin, Heft 06/2011, S. 66-68

(5) Membrantechnologie optimiert Abwassertechnik
aus VDI NR. 22 VOM 03.06.2011 SEITE 5

(6) 500 Milliarden Euro für Wasser // Niedrige Preise führen zur Verschwendung von Trinkwasser / Enormer Investitionsbedarf / Messe in Berlin
aus Der Tagesspiegel Nr. 20959 VOM 28.04.2011 SEITE 018

(7) Das neue Rohöl
aus Finanz und Wirtschaft vom 02.04.2011, Seite 1

(8) Branchenbild der deutschen Wasserwirtschaft 2011 // Herausgegeben von: ATT, BDEW, DVGW, DBVW, DWA und VKU in Abstimmung mit dem Deutschen Städtetag und dem Deutschen Städte- und Gemeindebund von Januar 2011
aus Finanz und Wirtschaft vom 02.04.2011, Seite 1

(9) Sinkender Wasserverbrauch bereitet Kommunen Sorgen Teure Sanierung - Klingt paradox: Weil der Verbrauch sinkt, steigen die Kosten für die Versorger. Spezialisierte Dienstleister wie Suez wollen dieses Dilemma jetzt nutzen und ein Geschäft daraus machen.
aus FINANCIAL TIMES Deutschland

(10) Schutz vor Legionellen und Uran
aus Süddeutsche Zeitung, 18.06.2011, Ausgabe

München, Bayern, Deutschland, S. 29

(11) Wasserbetriebe widersprechen dem Kartellamt
aus Berliner Morgenpost, 30.06.2011, Nr. 175, S. 14

(12) Japan will stärker in den internationalen Wassermarkt
aus BfAI - Märkte im Ausland vom 18.03.2010

(13) Vollentsalztes Wasser aus kommunalem Abwasser gewinnen
aus wwt - Wasserwirtschaft Wassertechnik, Heft 06/2011, S. 8-11

(14) Sprudelnde Einnahmen // Berliner Wasserbetriebe überweisen 200 Millionen Euro ans Land / Preissenkung bleibt offen
aus Der Tagesspiegel Nr. 21020 VOM 30.06.2011 SEITE 019

(15) Nachhaltiges Wassermanagement
aus Brauwelt, 19-20/2011, S. 613-615

(16) Umweltbundesamt gibt Entwarnung vor EHEC im Trinkwasser. Trinkwasserkommission verneint EHEC-Ausbreitung
aus <Abfallwirtschaft> UMW-01

(17) Gefährlicher Erreger. Ehec-Ermittlungen im Fluss
aus <Abfallwirtschaft> UMW-01

(18) Membrantechnologie sichert die Trinkwasserversorgung in Kanada

aus VDI NR. 17 VOM 29.04.2011 SEITE 7

(19) Wasserwerke kritisieren Anbau von Energiepflanzen
aus Frankfurter Allgemeine Zeitung, 22.03.2011, Nr. 68, S. 12

Impressum

Wasserversorgung - Menschenrecht und Wirtschaftsfaktor

Bibliografische Information der deutschen Nationalbibliothek

Die Deutsche Nationalbibliothek verzeichnet diese Publikation in der deutschen Nationalbibliografie; detaillierte bibliografische Daten sind im Internet über http://dnb.d-nb.de abrufbar.

ISBN: 978-3-7379-2374-3

© 2015 GBI-Genios Deutsche Wirtschaftsdatenbank GmbH, Freischützstraße 96, 81927 München, www.genios.de

Alle Rechte vorbehalten. Dieses Werk ist einschließlich aller seiner Teile – z.B. Texte, Tabellen und Grafiken - urheberrechtlich geschützt. Jede Verwertung außerhalb der Grenzen des Urheberrechtsgesetzes bedarf der vorherigen Zustimmung des Verlags. Dies gilt insbesondere auch für auszugsweise Nachdrucke, fotomechanische

Vervielfältigungen (Fotokopie/Mikroskopie), Übersetzungen, Auswertungen durch Datenbanken oder ähnliche Einrichtungen und die Einspeicherung und Verarbeitung in elektronischen Systemen.